UDフォントで見やすい！

かわいい

教室掲示 & プリント 500

CD-ROM
付き
Windows 対応

megkmit 著

学陽書房

本書の特徴

1 どんな子も見やすい!

UDフォントや目に優しい色を使用しており、ハッキリ認識できます。
文字だけでなくイラストでも内容を補助し、LD（学習障害）などの様々な特性を抱える子をサポートします。

p53_05 指示の絵カード

2 子どもが直感的に動ける!

シンプルなデザインで子どもが読み取りやすく、説明の手間がかかりません。

子どもが記入するプリントは、罫線や書き始めの位置が示されているので、直感的に記入できます。

p24_02 目標シート

3 現場の先生の声を集めた使いやすい素材が沢山!

SNSでも大人気の、学年・性別を問わず使える、かわいいけどかわいすぎないタッチのイラストです。
時間割表や当番表など、WordやPowerPointで文字を編集できる素材も多数収録しています。

p83_05 タブレット授業

CONTENTS

3

本書の使い方

この本の見方

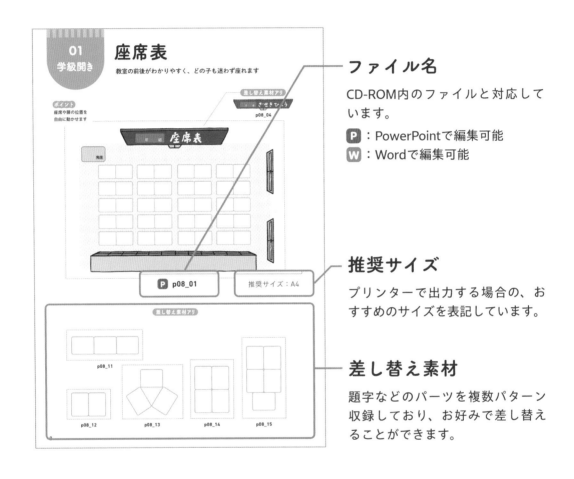

ファイル名

CD-ROM内のファイルと対応しています。

P：PowerPointで編集可能
W：Wordで編集可能

推奨サイズ

プリンターで出力する場合の、おすすめのサイズを表記しています。

差し替え素材

題字などのパーツを複数パターン収録しており、お好みで差し替えることができます。

収録データについて

本書に掲載のプリント・掲示物などのデータはすべて付属のCD-ROMに収録されています。カラーとモノクロ2種類のデータがあります（一部モノクロのみ）。用途に合わせてご活用ください。

※CD-ROMをご使用の前に、必ずp.92「CD-ROMを開く前に」をご覧ください。

01
学級開き

\ これさえあれば新学期は安心！/

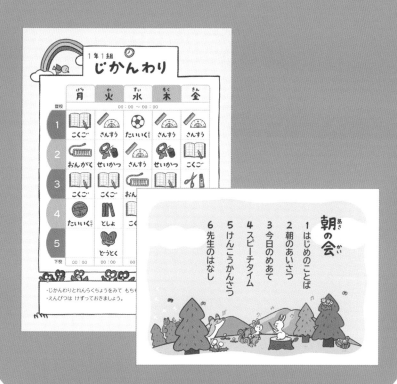

時間割表

Word や PowerPoint で編集できて便利！

ポイント
教科のイラストを差し替えて使えます (p76、77)

ポイント
1年生にもわかりやすい教科名とイラストがセットの時間割が作れます

W p06_01

推奨サイズ：A4

時間割表

登校	～				
朝 ～	**月**	**火**	**水**	**木**	**金**
1 ～					
2 ～					
3 ～					
4 ～					
昼	給食	昼休み		そうじ	
5 ～					
6 ～					
下校					

P p07_01　　推奨サイズ：A4

ポイント
PowerPoint で
教科名や時刻を
入力できます

ポイント
手書きに便利な
無地のデータ(png)
もあります

時間割表

	月	**火**	**水**	**木**	**金**
1 ～					
2 ～					
3 ～					
4 ～					
5 ～					
6 ～					

P p07_02　　推奨サイズ：A4

座席表

教室の前後がわかりやすく、どの子も迷わず座れます

差し替え素材アリ

年　組　ざせきひょう
p08_04

ポイント
座席や扉の位置を
自由に動かせます

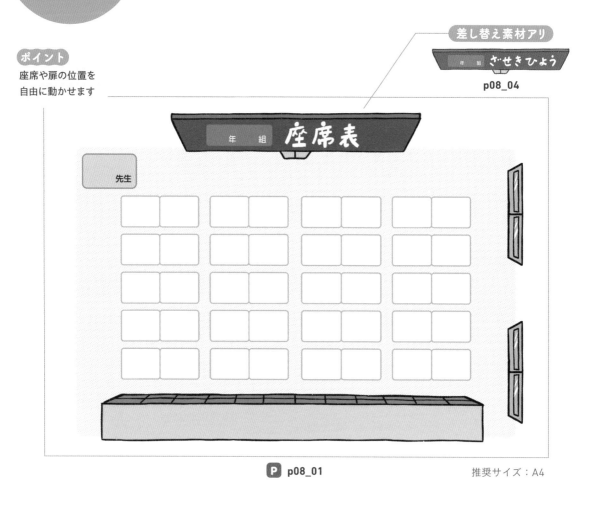

p08_01

推奨サイズ：A4

差し替え素材アリ

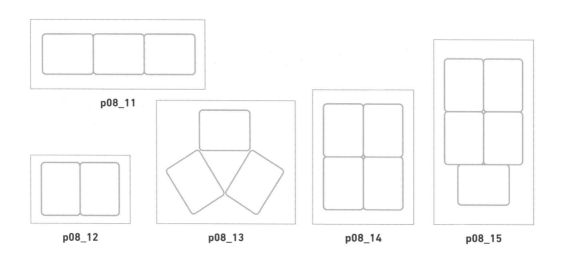

p08_11

p08_12

p08_13

p08_14

p08_15

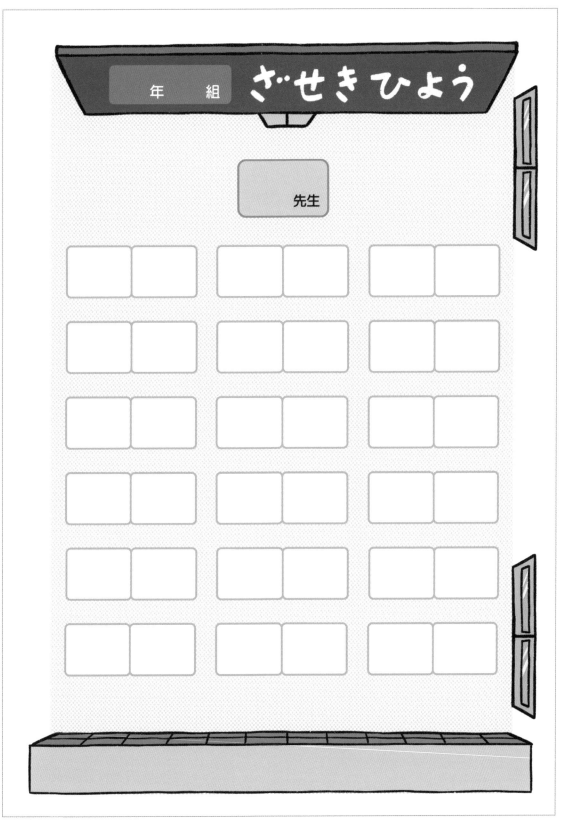

掲示物の題字

題字を揃えることで、スッキリ＆統一感のある掲示がかないます

使いかた
印刷して切り取り、
掲示物のそばに
貼ります

完成イメージ

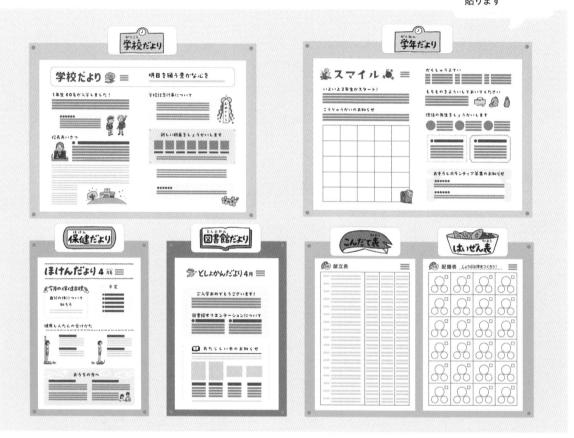

p10_01

p10_02

p10_03

p10_04

p11_01

p11_02

p11_03

p11_04

p11_05

p11_06

p11_07

p11_08

p11_09

p11_10

▶ p10・11のまとめて印刷用データ―― Ⓦ p11_11　　推奨サイズ：A4

掃除・給食当番表

イラスト入りで、どの子も自分で見て動くことができます

✏️ 完成イメージ

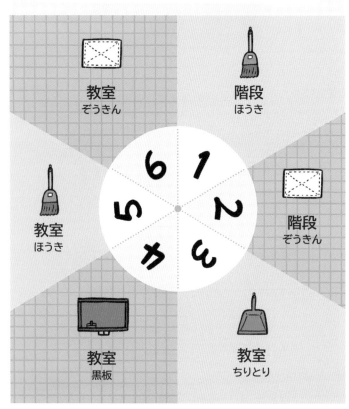

🖨️ 印刷するもの

A W p12_02

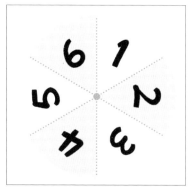

B W p12_06 　　推奨サイズ：A4

✂️ 作り方

❶ Aの台紙に、Bの円盤を組み合わせて作る掲示です。最初に班の数に合わせてデータを選んでください（4・6・7・8班ver.があります）。

❷ Aのファイルを開き、掃除当番の役割や場所をwordで入力して印刷します。

❸ Bを印刷し、円周に沿って切り円盤を作ります。

❹ Aの中央に円盤を上から重ね、画鋲で円盤の中心をとめます。円盤がくるくる回れば完成です。

掲示のコツ

● p15のイラストを差し替えて使えます

● 補強のため円盤の裏に厚紙を貼り合わせるか、ラミネートするのがおすすめです

✏️ 完成イメージ

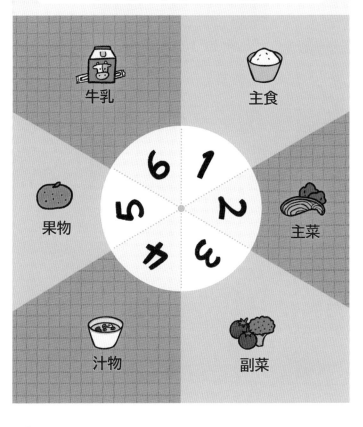

🖨️ 印刷するもの

A W p13_02

B W p13_06 　　推奨サイズ：A4

✂️ 作り方

❶ Aの台紙に、Bの円盤を組み合わせて作る掲示です。最初に班の数に合わせてデータを選んでください（4・6・7・8班ver.があります）。

❷ Aのファイルを開き、給食当番の役割をwordで入力して印刷します。

❸ Bを印刷し、円周に沿って切り円盤を作ります。

❹ Aの中央に円盤を上から重ね、画鋲で円盤の中心をとめます。円盤がくるくる回れば完成です。

掲示のコツ

- p15のイラストを差し替えて使えます
- 補強のため円盤の裏に厚紙を貼り合わせるか、ラミネートするのがおすすめです

完成イメージ

はくいい ばんごう→	1 ごはん	2 おかず(大)	3 おかず(小)	4 しるもの	5 ぎゅうにゅう	おぼん
たんとう						
(ぞう)	あさくら ゆいな	あさの あや	いのうえ ゆう	いのだ はやと	うえだ れな	こざわ…
(きつね)	えんどう けいご	おおかわ しゅんすけ	かわむら さき	きむら はる	くぼた なお	
(うさぎ)	さとう あおい	しまむら みおう	すどう みか	せがわ あかね	たじま ゆうか	さとみ
(ねずみ)	はまもと ゆうり	ふくだ ゆうひ	ふくやま るきあ	ほんだ さな	やぐち りくと	やまもと りょうた

ポイント
個人名を記入できる給食当番表です

使いかた
左列には担当の班名（1班、2班…）や班を示す動物のマークを入れます。動物は差し替えデータもあります（p15_29～32）

印刷するもの

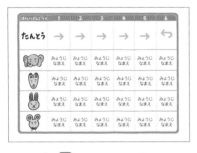

A 🅿 p14_01 の 1 枚目

B 🅿 p14_01 の 2 枚目　　推奨サイズ：A4

作り方

① Aの台紙にBのパーツをマグネットで貼って使う掲示です。台紙の土台になるマグネットボードを用意します。

② PowerPointのファイルを開き、1枚目（A）には子どもの名前を、2枚目（B）には役割の名称を入力します。

③ A・Bを印刷し、それぞれラミネートします。その後、Aはマグネットボードに貼り付けます。Bは点線に沿って切り、裏面にマグネットを貼り付けます。

④ Aの矢印の箇所に、バラバラにしたBを配置したら完成です。

掲示のコツ

・役割がかかれたマグネットを右にずらして使います

・その週の担当グループを表す動物に目印をつけると、よりわかりやすくなります

14

掃除当番表 差し替え素材

p15_01

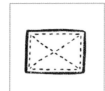
p15_02

p15_03

p15_04

p15_05

p15_06

p15_07

p15_08

p15_09

p15_10

p15_11

p15_12

給食当番表 差し替え素材

p15_13

p15_14

p15_15

p15_16

p15_17

p15_18

p15_19

p15_20

p15_21

p15_22

p15_23

p15_24

係活動

係活動が盛り上がる！ メンバーや活動内容の確認に便利な掲示です

✏️ 完成イメージ

🖨️ 印刷するもの

A p16_01、p16_02

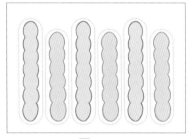

B 🅿 p16_03

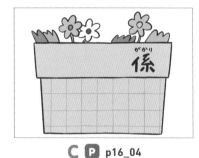

C 🅿 p16_04

推奨サイズ：A4

✂️ 作り方

❶ A〜Cの素材を台紙に貼って作る掲示です。台紙用にA3の色画用紙を用意します。

❷ A〜Cのパーツを作成します。A・Bは人数分、Cは係の数だけ必要です。

❸ Aには似顔絵や顔写真、Bには子どもの名前、Cには係の名称をそれぞれ記入します。B・CはPowerPointで文字入力ができます。

❹ A〜Cを印刷し、A・Bをキリトリ線に沿って切ります。

❺ Cを台紙の下半分に貼り、A・BをCの植木鉢の上にくるように位置を調整しながら貼りつければ完成です。

掲示のコツ

・ 鉢の上辺に切り込みを入れBを差し込むと、きれいな仕上がりに

・ 鉢の部分に活動内容を書き込んでもOK！

ポイント
子どもが主体的に
書き込める
係活動掲示です

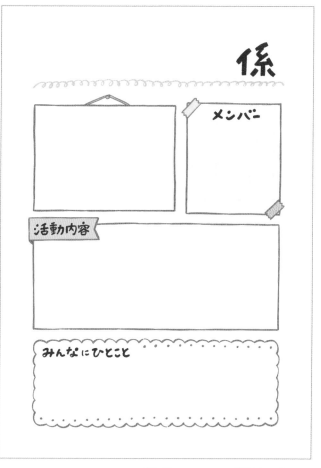

p17_01　　　推奨サイズ：A4

使いかた
名前や出席番号の
書かれたマグネットを
動かして使います

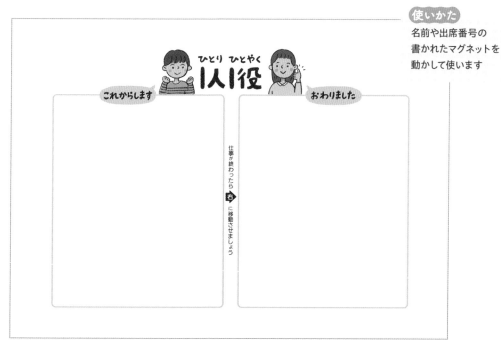

p17_02　　　推奨サイズ：A4

自己紹介 カード

新しいクラスの始まりに！ 楽しい質問が満載で、友達の輪が広がります

ポイント
記入箇所がわかりやすい
デザインです

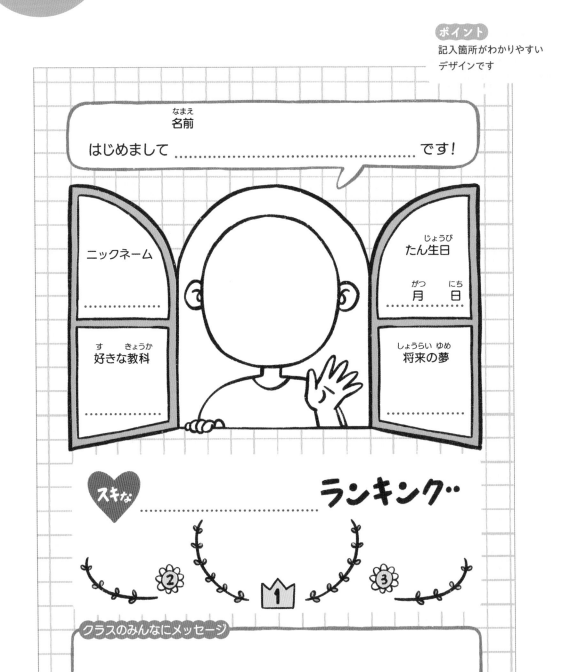

名前（なまえ）

はじめまして .... です！

ニックネーム

たん生日（じょうび）

月（がつ） 日（にち）

好きな教科（す きょうか）

将来の夢（しょうらい ゆめ）

スキな .... ランキング‥

② ① ③

クラスのみんなにメッセージ

p18_01

推奨サイズ：A4

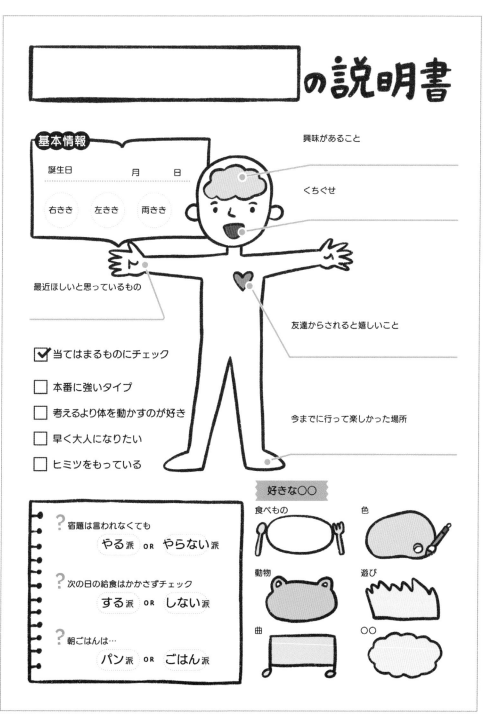

☐☐☐ の説明書

基本情報

誕生日　　　　月　　　日

右きき　　左きき　　両きき

興味があること

くちぐせ

最近ほしいと思っているもの

友達からされると嬉しいこと

☑ 当てはまるものにチェック

☐ 本番に強いタイプ

☐ 考えるより体を動かすのが好き

☐ 早く大人になりたい

☐ ヒミツをもっている

今までに行って楽しかった場所

好きな〇〇

？ 宿題は言われなくても
　やる派 OR やらない派

？ 次の日の給食はかかさずチェック
　する派 OR しない派

？ 朝ごはんは…
　パン派 OR ごはん派

食べもの　　　　　　色

動物　　　　　　　　遊び

曲　　　　　　　　　〇〇

お誕生日の掲示

誕生日らしいモチーフのかわいい掲示で、子どもが喜びます

✏️ 完成イメージ

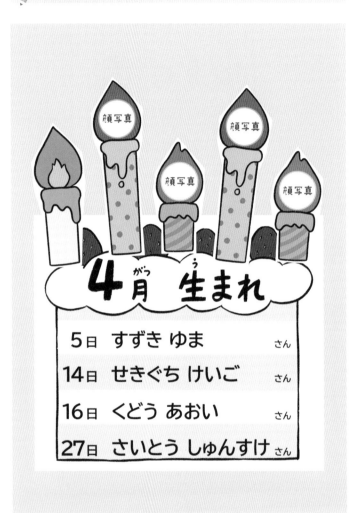

🖨️ 印刷するもの

A 🅿️ p20_01

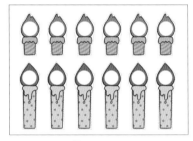

B p20_02

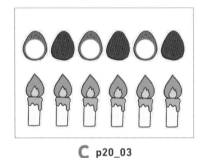

C p20_03

推奨サイズ：A4

✂️ 作り方

❶ A〜Cの素材を台紙に貼って作る掲示です。台紙用にA3の色画用紙を用意します。

❷ A〜Cのパーツを作成します。Aは月の数だけ、B・Cは子どもの人数分必要です。

❸ Aには子どもの名前と誕生日を記入します（PowerPointで文字入力できます）。B・Cには子どもの似顔絵や顔写真を入れます。

❹ A〜Cを印刷し、キリトリ線に沿って切ります。

❺ Aを台紙に貼り、ろうそくや苺でケーキを飾りつけたら完成です。

掲示のコツ

* 誕生月の部分にはp90の数字イラストを配置してもかわいいです

* Cの苺やろうそくを使うと、誕生日の子どもが少ない月も賑やかにできます

ポイント
子ども自身に書き込んで
もらい掲示します

p21_01 推奨サイズ：A4

ポイント
似顔絵や顔写真を付け
られるので自己紹介に
もなります♫

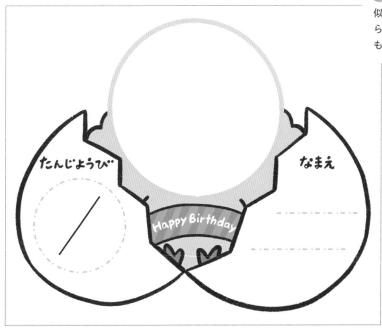

p21_02 推奨サイズ：A4

欠席連絡カード

欠席した子に届けたい連絡事項やメッセージを書き込むカードです

さんへ

今日
月　日

	教科	内容
1		
2		
3		
4		
5		
6		

みんなから

明日
月　日

	教科	内容	持ち物
1			
2			
3			
4			
5			
6			

p22_01

推奨サイズ：A4

ポイント

連絡帳と同じような
フォーマットなので
記入が簡単です

01
学級開き

欠席連絡カード

連絡カード

れんらく　かあど

がつ

にち

ようび

今日やったこと
きょう

① ② ③ ④ ⑤ ⑥

明日のれんらく
あした

さん へ

みんなから

目標シート

記入が簡単！ 塗り絵もできるので足並みを揃えて活動できます

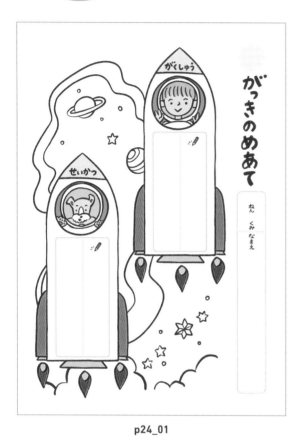

p24_01

掲示場所に合わせて
タテ・ヨコが選べます

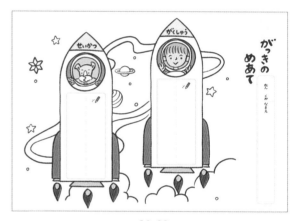

p24_02

3つ目の目標は自由に
テーマを設定できます

p24_03

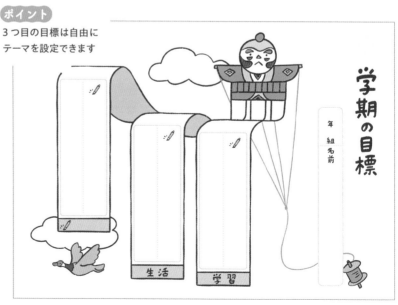

p24_04

推奨サイズ：A4

差し替え素材アリ

今年の目標
p25_04

今学期の目標
p25_05

W p25_01　　　　推奨サイズ：A4

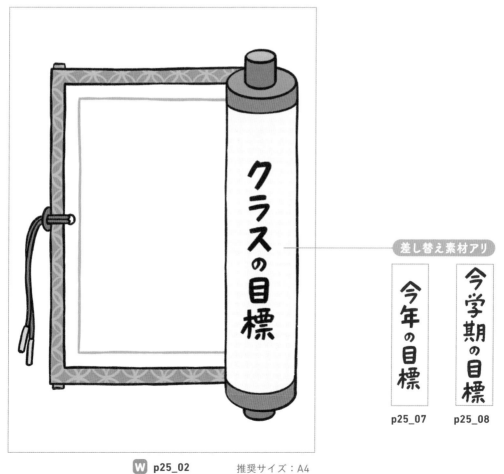

差し替え素材アリ

今年の目標
p25_07

今学期の目標
p25_08

W p25_02　　　　推奨サイズ：A4

ありがとうの木

クラスの雰囲気があたたかくなる！ 感謝の言葉を集めた掲示です

✏️ 完成イメージ

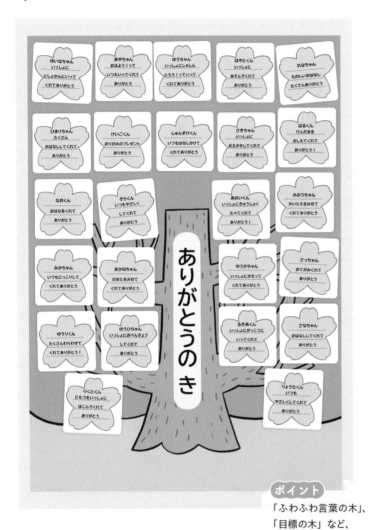

> **ポイント**
> 「ふわふわ言葉の木」、
> 「目標の木」など、
> アレンジができます！

🖨️ 印刷するもの

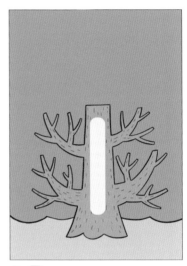

A Ⓦ **p26_01**　　推奨サイズ：A2

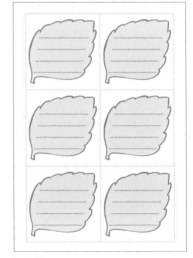

B Ⓦ **p27_07**　　推奨サイズ：A4

✂️ 作り方

❶ 子どもが書いたメッセージカード（**B**）を**A**の台紙に貼って作る掲示です。

❷ **A**の木の幹部分に木の名前を打ち込んで、印刷し掲示します。

❸ **B**を必要な分だけ印刷し、キリトリ線に沿って切ります。

❹ 子どもがメッセージを書いたら、**A**に貼り付けます。

掲示のコツ
・ カードに書く内容に合わせてカードデザインを選ぶと、わかりやすい掲示になります

p27_01

p27_02

p27_03

p27_04

p27_05

p27_06

▶まとめて印刷用データ —— W p27_07　推奨サイズ：A4

日直の仕事

やるべきことを見える化！ 子どもが自分で確認して動けます

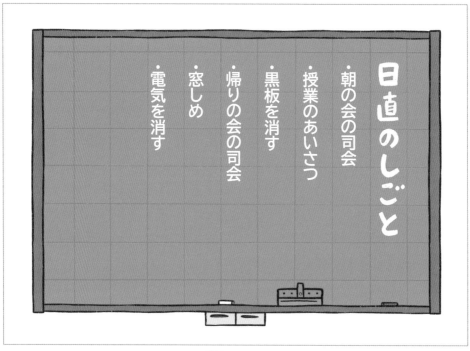

日直のしごと
・朝の会の司会
・授業のあいさつ
・黒板を消す
・帰りの会の司会
・窓しめ
・電気を消す

W p28_01　　　　　　　推奨サイズ：A4

日直の仕事
まどをあける
じゅ

W p28_02　　　　推奨サイズ：A4

完成イメージ

日直の仕事
じゅぎょうのあいさつ
You!
かえりのかい
まどをしめる
でんきをけす

使いかた
両面印刷しキリトリ線に沿って切ります。
掲示板に貼り、仕事が終わったらめくります

朝の会・帰りの会

1日の始めと終わりを楽しい気分に。安心して司会ができます

ポイント
活動内容の文章は、
Word で編集できます

朝の会（あさかい）

1 はじめのことば
2 朝のあいさつ
3 今日のめあて
4 スピーチタイム
5 けんこうかんさつ
6 先生のはなし

W p29_01　　　　　　　推奨サイズ：A4

帰りの会（かえりかい）

1 はじめのことば
2 めあてのふりかえり
3 係から
4 先生の話
5 帰りのあいさつ

W p29_02　　　　　　　推奨サイズ：A4

01

見やすい色の組み合わせがある!?

色を使いこなせるようになろう

　掲示物や配付物を作るとき、色について悩んだことはありませんか？ どんな色の背景にしよう？ 変な色の組み合わせになってしまったけれど、どう直せばよいのかわからない……。学校で働いていると誰もが一度はこんなふうに悩んだ経験があるのではないでしょうか。

　色の仕組みを知れば、目的や意図に合わせて色使いをコントロールできるようになります。これまでのお悩みも簡単に解決できるようになりますよ！

すぐ真似できる！色を活かしたテクニック

　すべての色は明度・彩度・色相という3つの要素から成り立っています。これらの要素をコントロールして、問題解決につなげましょう。ここでは忙しい先生のために、すぐに取り入れられる色の仕組みを活かしたテクニックを3つご紹介します。

①白黒印刷に対応するカラーデータを作るコツ

　淡いクリーム色 × 紺色など、明度に差のある色同士を組み合わせれば、白黒印刷しても色同士の境界が見えづらくなってしまうことを防げます。イラストについても、線画のあるイラストを選ぶと白黒印刷のときに安心です。

②色を使って要点を伝える方法

　黒に近い色（彩度や明度の低い色）で書かれた文章の一部を明るい黄色（彩度や明度の高い色）でハイライトすると、目を引きつけるため、強調に使えます。

③プリントのテーマを色で演出する方法

　学習プリントや会議資料には集中力の向上が期待できる寒色を、安心や健康がテーマのときには穏やかな暖色を……と、目的やテーマに合った色相を選ぶと自然と内容が伝わりやすくなります。逆に色自体が持つ意味合いと、伝えたい内容がチグハグになっていないかには配慮が必要です。

カラーユニバーサルの知識を身につけよう

　気をつけたいのは、色の見え方は一人ひとり違っている（色覚多様性がある）という点です。人は網膜に錐体と呼ばれる3種類の視細胞を持っていますが、その働き具合によって、たとえば水色とピンク色の見分けや緑色と茶色の見分けなどが難しい場合があります。

　たとえば板書であれば、要点を示すために文字色を変えることはせず、囲みや波線を引くなどして表現しましょう。このように、色のみに頼らず、柄・大きさ・位置・形などの要素にも差をつけると、誰にとってもわかりやすい表現になります。

向かい合う色… 見分けづらい

02
生活指導

\ 貼るだけでパッと伝わる！ /

話し方・聞き方

言葉とイラストで説明されているので、直感的に理解できます

「ネコの声で！」
など指示を出すのも
簡単です

p32_01

推奨サイズ：A4

スッキリとしたデザ
インで、学年が上
がっても使えます

p32_02

推奨サイズ：A4

02
生活指導

話し方・聞き方

p33_01

推奨サイズ：A4

学習時の姿勢

図解つきで真似しやすく、良い姿勢が身に着きます

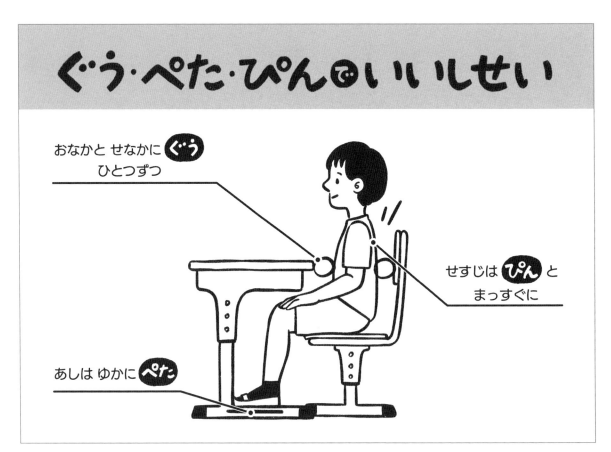

p34_01

推奨サイズ：A4

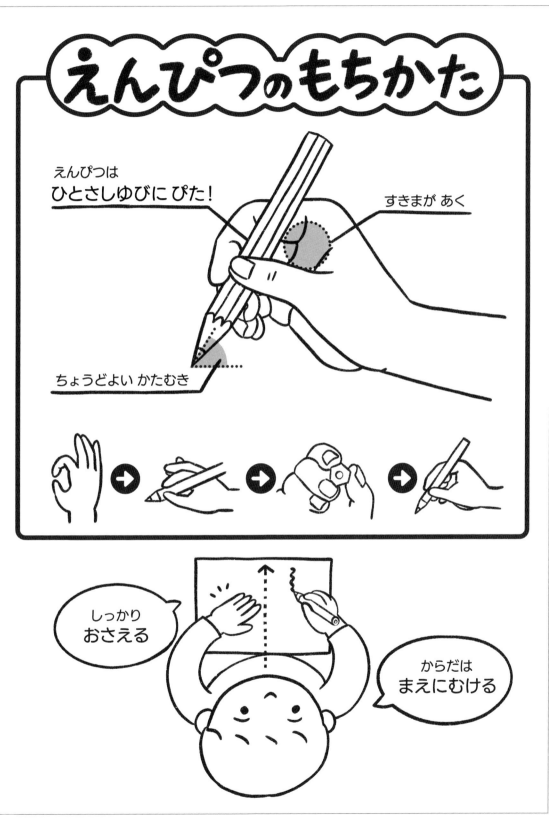

物のしまい方

〇×例ですぐ伝わる！ 整理整頓の習慣が身に着きます

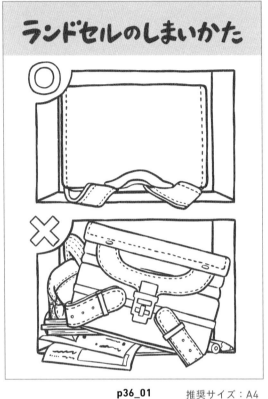

p36_01 　　　推奨サイズ：A4

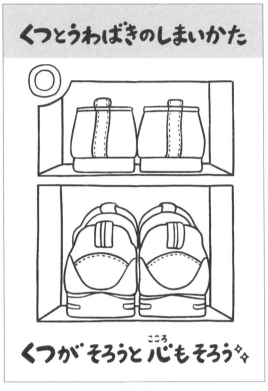

p36_02 　　　推奨サイズ：A4

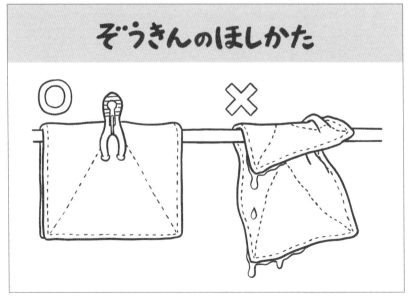

p36_03 　　　推奨サイズ：A4

手洗い・消毒

掲示するだけで、どの子も手の洗い方などを理解できます

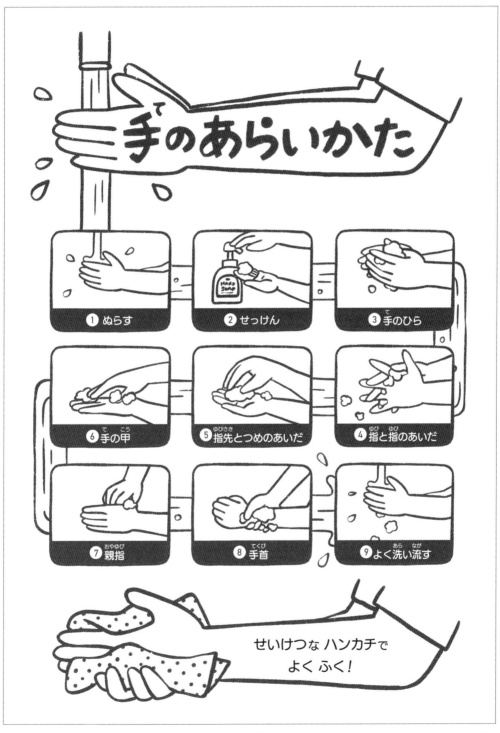

p37_01

推奨サイズ：A4

手を洗うタイミング

登校したらすぐ

給食のまえ

トイレのあと

外から帰ったら

体育のあと

そうじのあと

使いかた
消毒液のそばに
掲示します

しょうどく すぽっと
消毒SPOT

消毒は先生にしてもらいましょう

W p39_01　　　　　推奨サイズ：A4

差し替え素材アリ

p39_03

マスクのつけかた

はなのつけねから あごのしたまで
すきまなく おおう

ぬのの ぶぶんは
さわらない

推奨サイズ：A4

立ち位置マーカー

床などに貼って立ち位置の目印にできます

ポイント

整列の間隔を示したい
ときにも便利です

p42_01

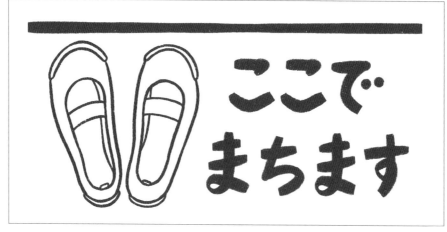

p42_02

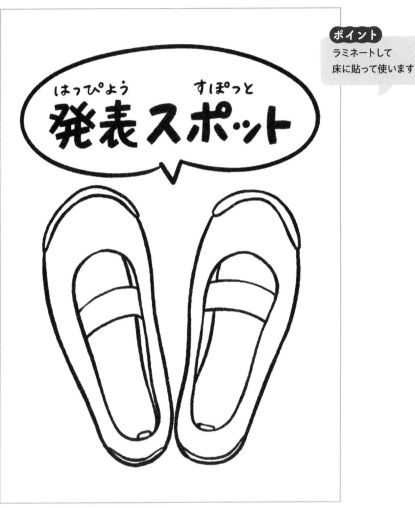

ポイント
ラミネートして
床に貼って使います

p43_01

推奨サイズ：A4

p43_02

p43_03

朝のしたく

やるべきことを子どもが自分で確認して動けます

✎ 完成イメージ

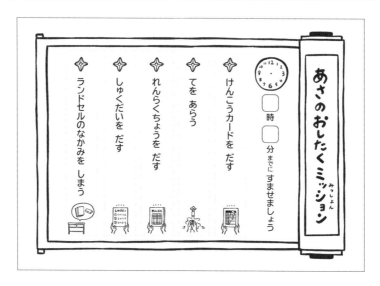

🖨 用意するもの

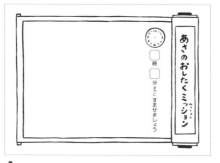

A p44_01　　　　　　　　　　推奨サイズ：A3

B **W** p44_02　　推奨サイズ：A4

✂ 作り方

❶ Aの台紙をマグネットボードに貼り、その上にBの短冊を配置して使う掲示です。

❷ A・Bを印刷します。Bは文字やイラストを編集することも可能です。

❸ A・Bをそれぞれラミネートします。

❹ Bの短冊はキリトリ線に沿って切り離します。

❺ 全てのパーツの裏にマグネットシートを貼り付けます。

❻ マグネットボードにAを貼り、必要な短冊を配置して掲示します。

掲示のコツ

● 子どもに見えやすい場所に掲示します

● 使わない短冊は重ねて収納しておきます

検温カードの提出
p45_01

手洗い
p45_02

連絡帳の提出
p45_03

宿題の提出
p45_04

物をしまう
p45_05

給食袋をかける
p45_06

トイレ
p45_07

水筒をしまう
p45_08

上ばき袋をしまう
p45_09

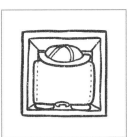

ランドセルをしまう
p45_10

着替え
p45_11

名札をつける
p45_12

水やり
p45_13

1人で静かにできること
p45_14

座って待つ
p45_15

手裏剣
p45_16

これだけは押さえたい！ デザインの4原則│前編

センスがなくてもデザインはできる!?

デザインというと、なんだか「おしゃれにすること」で「センスがないとできない」と感じる人も多いかもしれません。でも実際は「問題を解決すること」で「知識があればできること」です。

たとえば、読んでもらえないお便りや掲示を読んでもらえるものにしたり、文字情報が伝わりづらい子にも伝わりやすい掲示を作れたりと、デザインを学ぶことはさまざまな問題解決に役立ちます！ 本書のコラムを通して原則を知り、身近な困りごとを解決していきましょう。

原則① 関連情報はまとめよう

人は近くにある情報を関連付けて考えます。たとえばプリントに描かれたケーキのすぐ下に 500円と書いてあれば、それがケーキの値段だと直感的に捉えます。逆にそれが離れたところにあるアイスの値段だと言われたら、驚いてしまうでしょう。

位置関係を使って意味をまとめると枠線で囲む必要がなくなるので、余計な囲みや飾り罫を減らし、スッキリ見せることができます。

原則② 情報はキレイに並べよう

お便りなど、たくさんの情報を配置するときには整列を意識しましょう。

目に見えない線が用紙に引かれていることを想像し、その線に沿って情報を整列させていきましょう。

こうすると、読み手はその見えない線に沿って目線を動かし、スムーズにお便りを読み進めることができます。読み手の目の動きを予測し、伝えたい順番に配置していくことも大切です。

03

授業

\ 指示が伝わる、楽しくなる！ /

黒板掲示

板書がスムーズに！ 授業の流れが見やすくなります

めあて	もんだい	ふりかえり
p48_01	p48_02	p48_03
よそう	かんがえ	けっか
p48_04	p48_05	p48_06
れんしゅう	まとめ	目標
p48_07	p48_08	p48_09
問題	振り返り	予想
p48_10	p48_11	p48_12
考え	実験	結果
p48_13	p48_14	p48_15
練習		
p48_16		

▶ひらがなのまとめて印刷用データ ── Ⓦ p48_17　　推奨サイズ：A4
▶漢字のまとめて印刷用データ ──── Ⓦ p48_18　　推奨サイズ：A4

めあて
p49_01

もんだい
p49_02

しゅくだい
p49_03

ふりかえり
p49_04

よそう
p49_05

プリント
p49_06

かんがえ
p49_07

けっか
p49_08

れんしゅう
p49_09

まとめ
p49_10

1マス空ける
p49_11

☆
p49_12

▶まとめて印刷用データ── W p49_13　　推奨サイズ：A4

p50_01

p50_02

p50_03

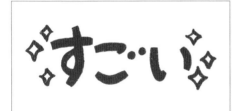

p50_04

p50_05

p50_06

p50_07

▶まとめて印刷用データ —— p50_08　　推奨サイズ：A4

タブレット操作

子どもに直感的に伝わる！ タブレット授業に便利なイラストです

ミュートオフ
p51_01

ミュート
p51_02

マイクオン
p51_03

マイクオフ
p51_04

ビデオオン
p51_05

ビデオオフ
p51_06

アップロード
p51_07

ダウンロード
p51_08

笑顔
p51_09

困り顔
p51_10

手を挙げる
p51_11

手を下げる
p51_12

考え中
p51_13

記入
p51_14

入力
p51_15

画面に注目
p51_16

指示の絵カード

黒板に貼って、学校生活のさまざまな場面の行動を可視化します

p52_01

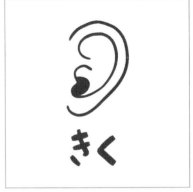

p52_02

p52_03

p52_04

p52_05

p52_06

▶まとめて印刷用データ —— W p52_07　　推奨サイズ：A4

p53_01

p53_02

p53_03

p53_04

p53_05

p53_06

▶まとめて印刷用データ —— Ｗ p53_07　　推奨サイズ：A4

音読カード

指導内容に合わせて、めあてを編集することができます

おんどくカード

差し替え素材アリ

音読カード

p54_04

W p54_01　　推奨サイズ：A4

おんどくカード

W p54_02　　推奨サイズ：A4

54

プールカード

水泳授業に必須！ 必要な情報がコンパクトにまとまっています

p55_01　　　推奨サイズ：A4

W **p55_02**　　　　　　　推奨サイズ：A4

マラソンカード

楽しいしかけ満載で、どの子も走るのが楽しみに！

ポイント
使い方の文章を
編集できます

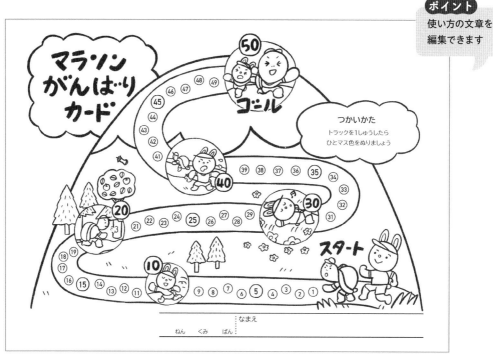

W p56_01　　　　　　　　　　　　推奨サイズ：A4

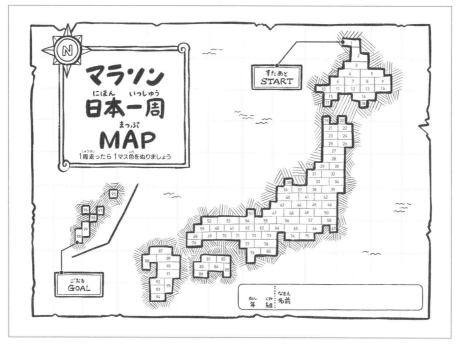

p56_02　　　　　　　　　　　　推奨サイズ：A4

なわとびカード

このカードでもっと練習したくなること間違いなし！

ポイント
技名と回数を編集できます

なわとびマスターカード

級	れんぞくとび	かけあしとび	後ろとび	あやとび	こうさとび	後ろあやとび	後ろこうさとび	二重とび	認定日	こうさ二重とび	はやぶさ	後ろ二重とび
名人	100	70	65	40	40	30	30	30	/	20	20	20
1級	90	65	60	35	35	25	25	25	/	15	15	15
2級	80	60	55	30	30	20	20	20	/	10	10	10
3級	70	55	50	25	25	15	15	15	/	7	7	7
4級	60	50	45	20	20	10	10	10	/	5	5	5
5級	55	45	40	15	15	7	7	5	/	3	3	3
6級	50	40	35	10	10	5	5	3	/	1	1	1
7級	45	35	30	7	7	3	3	1	/			
8級	40	30	25	5	5	1	1		/			
9級	35	25	20	3	3				/			
10級	30	20	15	1	1				/			
11級	25	15	10						/			
12級	20	10	7						/			
13級	15	7	5						/			
14級	10	5	3						/			
15級	5	3	1						/			

チャレンジ

年　組　番
名前

これだけは押さえたい！ デザインの4原則｜後編

原則③ ルールを作って繰り返そう

登校したら宿題を提出する。授業の初めと終わりに挨拶をする。学校で子どもたちが規則を反復するのと同じように、文字のサイズ・書体・余白の設け方などにもルールを作って繰り返すと、読み手が学習し、混乱が起こりづらくなります。

たとえば見出しの文字サイズは 16pt（ポイント）、本文は 12pt で、同じゴシック書体のボールド（太字）とレギュラー（並太字）を組み合わせる。話のまとまりごとに、2行分改行する。これをお便りのなかで繰り返すといった要領です。

さらに、このフォーマット自体も年間で反復して使用することで、書き手はその都度紙面をゼロから考える必要がなくなります。読み手にとってもひと目で「これは○○便りだ」とわかるものになったり、「いつも重要なお知らせはここに書いてある」と覚えてもらえたりと、ルールを決めると双方にとっての利便性が増していきます。

原則④ あえて崩して目立たせよう

意味ごとに情報をまとめたグループを、同じルールに則って反復・整列させていくと、スッキリするのはよいのですが、要点がわかりづらくなってしまう場合があります。ここで活躍するのがあえて崩すテクニックです。目立たせたい情報を厳選し、そこだけハイライトしたり書体を変えたり……と、他とは違ったルールを設定します。きちっとデザインルールが統一されているほど、ルールを変えた部分が際立ちます。

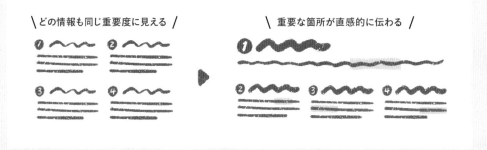

書体選び・文字組みのコツ

書体で迷ってしまうときは、書体＝"読み手の脳内で再生される声色"と思うと選びやすいかもしれません。怖い話でもないのに、おどろおどろしい書体が使われていたら違和感を感じますよね。基本的にはシンプルで読みやすい書体を選びます。明朝体は見えづらい場合があるので、ゴシック体の使用がおすすめです。読みやすさに配慮して設計された、名前にUDが付くゴシック体が使えるとよいですね。

文字のサイズは、手元で見るようなものなら大人向けの場合 10pt、子ども向けなら20pt程度を基準に調整すると読みやすいものとなります。お便りや広報誌などは幅広い年齢の人が見るため、本文を 12pt くらいに設定するのが望ましいでしょう。

04
学期末

\ 子どもが喜ぶ、成長する！ /

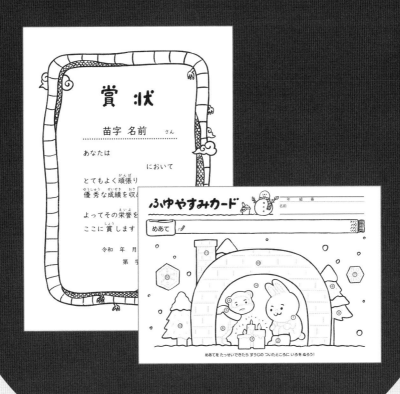

賞状

簡単に作れて、子どもの成長をしっかり認めてあげられます

ポイント
名前や文面を編集
できます

W **p60_01**　　　推奨サイズ：B6

W **p60_02**　　　推奨サイズ：B6

W p61_01　　　　推奨サイズ：B6

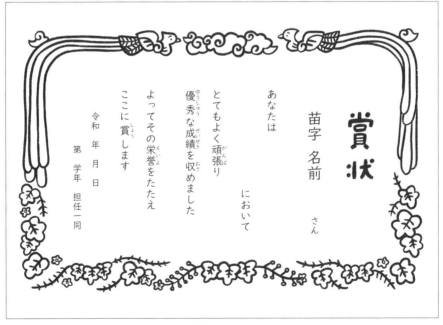

W p61_02　　　　推奨サイズ：B6

メダル

印刷するだけで、子ども心をくすぐるメダルが簡単に作れます

p62_01

p62_02

p62_03

p62_04

p62_05

p62_06

メッセージカード

学年・性別を問わないデザインで、さまざまな場面に使えます

使いかた
色を塗って使います
（モノクロデータのみの収録）

p63_01

p63_02

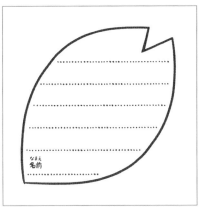

p63_03

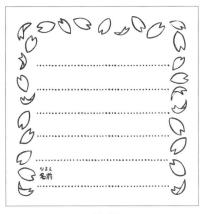

p63_04

p63_05

p63_06

▶まとめて印刷用データ ── p63_07　　推奨サイズ：A4

04
学期末

メダル／メッセージカード

お楽しみプリント

どの子も夢中になるかわいい塗り絵です

p64_01 推奨サイズ：A4

p64_02 推奨サイズ：A4

ポイント

何色に塗っても違和感がないモチーフで
子どもが自由に発想できます

p64_03 推奨サイズ：A4

夏休み・冬休み

楽しみながら記入できて、正しい生活習慣が身に着きます

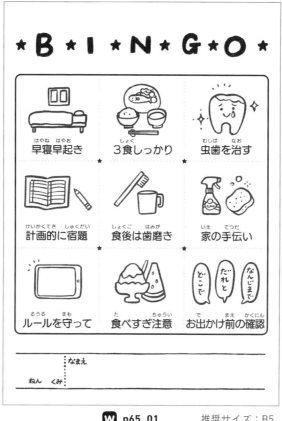

W p65_01　　　推奨サイズ：B5

差し替え素材アリ

体を動かす

p65_03

忘れず予防

p65_04

食べすぎ注意

p65_07

毎日検温

p65_13

やりすぎ注意

p65_14

すすんで読書

p65_16

帽子をかぶって

p65_17

ゆっくりお風呂

p65_18

夏休みの計画表

年　組　番
名前

めあて	生活 ⏰	…
	学習 ✏	…
	運動 👟	…

日付	予定	めあての評価○△ ⏰ ✏ 👟	日付	予定	めあての評価○△ ⏰ ✏ 👟
/			/		
/			/		
/			/		
/			/		
/			/		
/			/		
/			/		
/			/		
/			/		
/			/		
/			/		
/			/		
/			/		
/			/		
/			/		
/			/		

自分のふり返り

お家の人から

なつやすみの けいかくひょう

p66_03

ポイント

日付や名前欄を
編集できます

W p66_01　　　推奨サイズ：B4

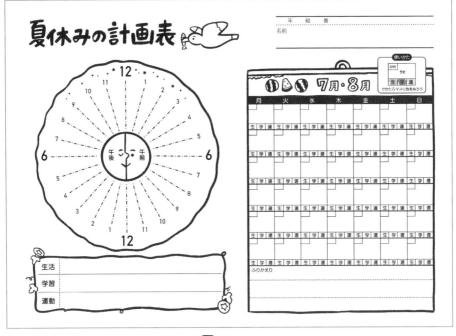

夏休みの計画表

年　組　番
名前

12
11　　　　　　　　1
10　　　　　　　　　2
9　　　　　　　　　　3
8　　　　　　　　　　4
7　　　　　　　　　　5
6　午後 午前 6
5　　　　　　　　　　7
4　　　　　　　　　　8
3　　　　　　　　　9
2　　　　　　　1
1　　　　　11
12

生活	
学習	
運動	

使いかた

日付
予定
生 学 運
できたらマスに色をぬろう

7月・8月

月	火	水	木	金	土	日

ふりかえり

W p66_02　　　　　　　　　推奨サイズ：B4

66

ふゆやすみカード

めあて

めあてを たっせいできたら すうじの ついたところに いろを ぬろう！

W p67_01

推奨サイズ：A4

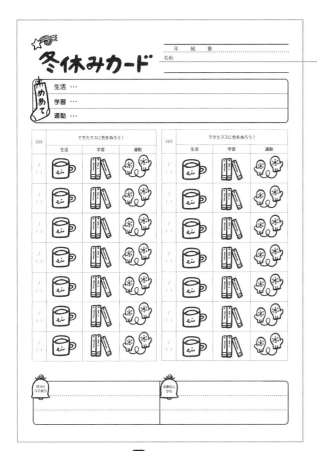

冬休みカード

めあて　生活 …

学習 …

運動 …

差し替え素材アリ

ふゆやすみカード

p67_03

W p67_02

推奨サイズ：B4

挑戦！読まれるお便りを作ろう

実践を通して感覚をつかもう

いざ、お手元のお便りをブラッシュアップしてみましょう。難しく感じたら、下に書いてある６つのキーワードを参考にしてくださいね。

01 位置でまとまりを	02 位置を整列	03 書体を統一	04 サイズを統一	05 メリハリつける	06 イラスト使用
p.46	p.46	p.58	p.58	p.58	p.86

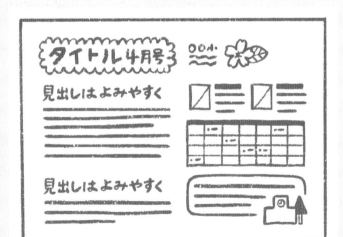

読まれるお便りになったか確認しよう

お便りを印刷して確認しましょう。パッと目に入るもの＝重要な情報になっていますか？ スッキリとまとまりのある紙面になっていますか？ うまくいっていたら、同じフォーマットで次号も作成してみるといいですね！

05
イラスト素材

\ 見やすいプリントがすぐできる！ /

学年

全学年統一のデザインで、廊下掲示や学校便りに便利です

p70_01

p70_02

p70_03

p70_04

p70_05

p70_06

p70_07

p70_08

p70_09

p70_10

p70_11

p70_12

12ケ月・季節

季節の花や食べ物、行事を通して季節感を育みます

p71_01

p71_02

p71_03

p71_04

p71_05

p71_06

p71_07

p71_08

p71_09

p71_10

p71_11

p71_12

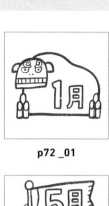

p72 _01

p72 _02

p72 _03

p72 _04

p72 _05

p72 _06

p72 _07

p72 _08

p72 _09

p72 _10

p72 _11

p72 _12

p72 _13

p72 _14

p72 _15

p72 _16

p72 _17

p72 _18

p72 _19

p72 _20

p72 _21

p72 _22

p72 _23

p72 _24

飾りフレーム

季節感のあるものと、シンプルなものの両方を収録しています

ポイント
春夏秋冬それぞれの季節の
お知らせにぴったりです

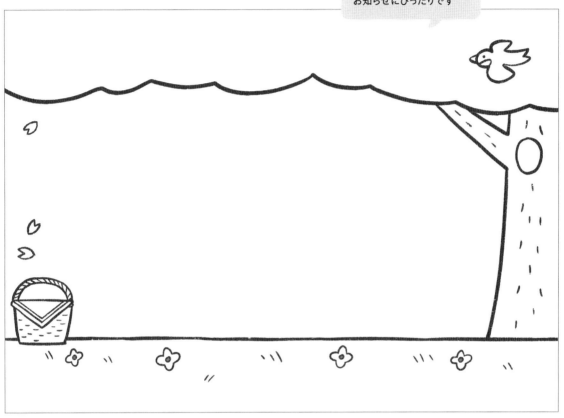

p73_01

p73_02

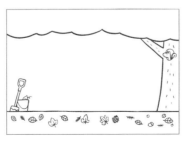

p73_03

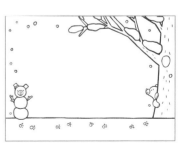

p73_04

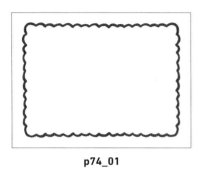

p74_01

p74_02

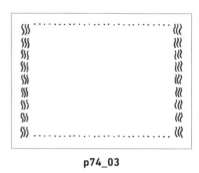

p74_03

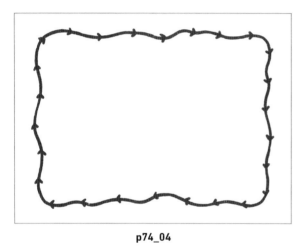

p74_04

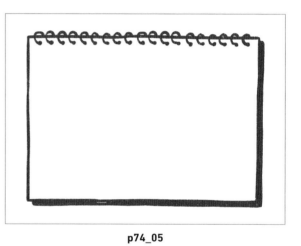

p74_05

p74_06

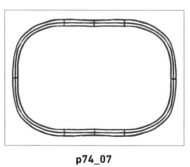

p74_07

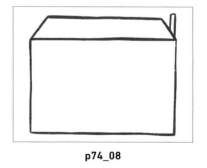

p74_08

p75_01

p75_02

p75_03

p75_04

教科

時間割表と組み合わせたり、黒板に掲示したりして使えます

p76_01

p76_02

p76_03

p76_04

p76_05

p76_06

p76_07

p76_08

p76_09

p76_10

p76_11

p76_12

p77_01

p77_02

p77_03

p77_04

p77_05

p77_06

p77_07

p77_08

p77_09

p77_10

p77_11

p77_12

05
イラスト素材

教科

もの絵カード

挿絵や掲示として、何かと便利に使えます

ポイント
ものの収納場所に貼っておくとどの子も迷わず安心できます

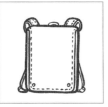

ランドセル
p78 _01

通学帽
p78 _02

給食袋
p78 _03

水筒
p78 _04

筆箱
p78 _05

お道具袋
p78 _06

健康カード
p78 _07

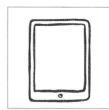

タブレット
p78 _08

教科書
p78 _09

ノート
p78 _10

連絡帳
p78 _11

プリント
p78 _12

上ばき袋
p78 _13

音楽バッグ
p78 _14

鍵盤ハーモニカ
p78 _15

探検バッグ
p78 _16

プールバッグ
p78 _17

絵の具セット
p78 _18

習字セット
p78 _19

裁縫セット
p78 _20

▶まとめて印刷用データ ── p78_21　　推奨サイズ：A4

校内施設

校内案内にも使える、各教室のイメージイラストです

教室
p79_01

職員室
p79_02

校長室
p79_03

保健室
p79_04

給食室
p79_05

図書館
p79_06

音楽室
p79_07

理科室
p79_08

図工室
p79_09

パソコン室
p79_10

体育館
p79_11

校庭
p79_12

入学式・卒業式

お便りや掲示に！ 華やかなイラストが祝福の気持ちを届けます

p80 _01

p80 _02

p80 _03

p80 _04

p80 _05

p80 _06

p80 _07

p80 _08

p80 _09

卒業生
p80_10

桜と校舎
p80_11

p80 _12

p80 _13

p80 _14

運動会

お知らせから表彰まで、かわいいイラストが運動会を盛り上げます

p81 _01

p81 _02

p81 _03

p81 _04

p81 _05

p81 _07

p81 _06

p81 _08

p81 _09

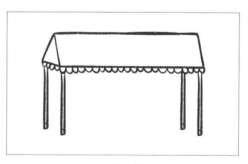

p81 _10

p81 _11

p81 _12

その他の行事

大切な指導を見える化するのに役立ちます

p82_01

p82_02

p82_03

p82_04

p82_05

p82_06

p82_07

p82_08

p82_09

p82_10

p82_11

p82_12

p83_01

p83_02

p83_03

p83_04

p83_05

p83_06

05 イラスト素材

その他の行事／タブレット授業

飾りカット

添えるだけでパッとかわいく！ 読みやすいお便りが完成します

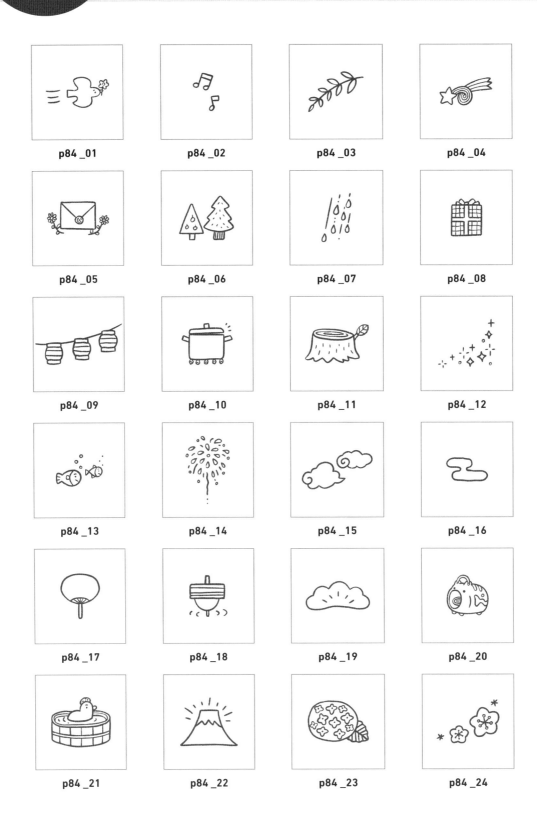

p84 _01　　　　　p84 _02　　　　　p84 _03　　　　　p84 _04

p84 _05　　　　　p84 _06　　　　　p84 _07　　　　　p84 _08

p84 _09　　　　　p84 _10　　　　　p84 _11　　　　　p84 _12

p84 _13　　　　　p84 _14　　　　　p84 _15　　　　　p84 _16

p84 _17　　　　　p84 _18　　　　　p84 _19　　　　　p84 _20

p84 _21　　　　　p84 _22　　　　　p84 _23　　　　　p84 _24

p85_01

p85_02

p85_03

p85_04

p85_05

p85_06

p85_07

p85_08

子どもが喜ぶ！簡単に描けるイラスト＆レタリング

憧れのささっと手書き。誰でも簡単に取り入れるコツをご紹介

　急いで出したいお便りやちょっとした配付物を作るとき、ノートやプリントへのコメントを書き入れるときなど、手書きでささっとイラストやレタリングが書けると喜ばれますよ。真似するだけで簡単に書けるタイトルデザインや、すぐに覚えられるあしらいやミニイラストをご紹介するので、ぜひ取り入れてみてくださいね。

用意するものは2種類のペンだけ！

　手書きのお便りを作る際におすすめしたいのが、主に本文用の書きやすい黒字のペンに、装飾や強調で淡い色の太字のマーカーを組み合わせて使う方法です。

　本文用のペンのみで装飾性をアップするには時間とテクニックが必要ですが、マーカーがあるとパッと目を引く表現のバリエーションが広がります。マーカーは、黒字に重ねて書いても白黒印刷したときに黒字が見えづらくないような明度の高い色を選ぶのがポイントです。

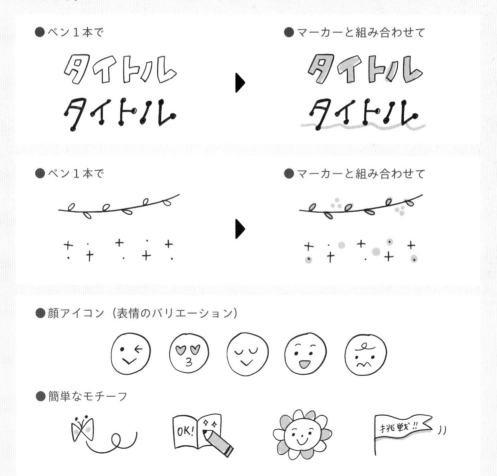

●ペン1本で　　　●マーカーと組み合わせて

●ペン1本で　　　●マーカーと組み合わせて

●顔アイコン（表情のバリエーション）

●簡単なモチーフ

06
おまけ

\ 職員室でも役立つ！ /

校務用イラスト

大人向けのお知らせやプリントに使いやすい素材を集めました

p88 _01

p88 _02

p88 _03

p88 _04

p88 _05

p88 _06

p88 _07

p88 _08

p88 _09

p88 _10

p88 _11

p88 _12

p88 _13

p88 _14

p88 _15

p88 _16

p88 _17

p88 _18

p88 _19

p88 _20

お知らせ

プリントのワンポイントに！ 入れるだけでパっと目に入ります

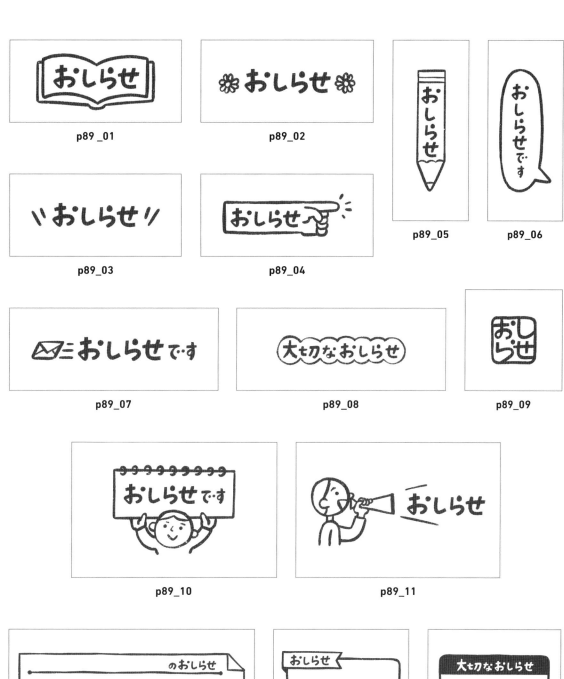

p89_01

p89_02

p89_05

p89_06

p89_03

p89_04

p89_07

p89_08

p89_09

p89_10

p89_11

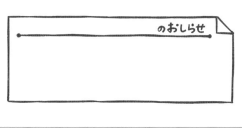

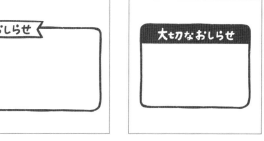

p89_12

p89_13

p89_14

手書き数字・文字

あたたかくやさしい風合いの素材です

p90 _01　p90 _02　p90 _03　p90 _04　p90 _05　p90 _06　p90 _07　p90 _08　p90 _09　p90 _10

p90 _11　p90 _12　p90 _13　p90 _14　p90 _15　p90 _16　p90 _17　p90 _18　p90 _19

p90 _20　p90 _21　p90 _22　p90 _23　p90 _24　p90 _25

p90 _26　p90 _27　p90 _28　p90 _29　p90 _30

p90 _31　p90 _32　p90 _33

p90 _34　p90 _35　p90 _36

p90 _37　p90 _38　p90 _39　p90 _40　p90 _41

一筆箋

ちょっとしたお知らせに使えて便利！

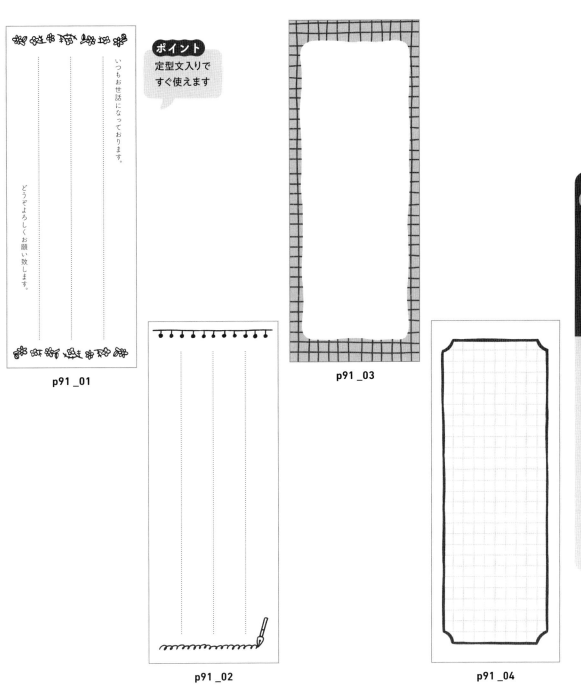

いつもお世話になっております。

どうぞよろしくお願い致します。

p91_01

ポイント

定型文入りで
すぐ使えます

p91_03

p91_02

p91_04

▶まとめて印刷用データ ── **W** p91_05　　推奨サイズ：A4

CD-ROM を開く前に

動作環境

- 付属の CD-ROM は Windows に対応しています。上記以外は動作環境保証対象外となりますのでご了承ください。

- 収録されている Word、PowerPoint 形式のデータは、Microsoft Office 2020 で作成し、「Microsoft 97-2003 文書」、「Microsoft PowerPoint 97-2003 プレゼンテーション」で保存してあります。お使いのソフトのバージョンによってはレイアウトが崩れる可能性がありますので、あらかじめご了承ください。

- Word、PowerPoint 形式の、文字の編集ができるファイルでは、モリサワ社の UD フォント（BIZ UDP ゴシック、UD デジタル教科書体）を使用しています。Windows10 バージョン 1809 以降の OS にはこれらの書体が標準搭載されていますが、これ以前の OS では UD フォントは表示されず、お持ちのフォントに置き換わります。UD フォントをご使用になられる場合は、別途ご用意ください。

データについて

- Word と PowerPoint のデータ形式は、本書に記載の推奨サイズ以上で印刷すると、粗くなる場合がありますので、ご了承ください。

- png 形式の画像データの解像度は 350dpi です。200% 以上に拡大すると粗くなる場合がありますので、ご了承ください。

- 掲示物やイラストの色調は、プリンタやパソコンの設定などにより、本書掲載のものとは多少異なる場合があります。

使用許諾

- 付属 CD-ROM に収録されているデータ等の著作権は、megkmit に帰属し、お客様に譲渡されることはありません。また、データ等の知的財産権も megkmit に帰属し、お客様に譲渡されることはありません。

- 本書および付属 CD-ROM に収録されたデータは、無断で商業目的に使用することはできません。購入された個人または法人・団体が、営利目的ではない私的な目的（学校内や自宅などでの利用）の場合のみ、本書および付属 CD-ROM を用いて印刷物を作成することができます。ご使用にあたっては、クレジット表記や申請書提出の必要はありません。

- CD-ROM 収録データを複製し、第三者に販売・頒布・賃貸・譲渡することはできません。

取り扱いの注意

- 本書では Windows を使った場合を中心に紹介しています。お使いのパソコンやアプリケーションのバージョンにより操作方法や画面表示が異なる場合があります。

- 付属 CD-ROM は音楽 CD ではありません。オーディオプレイヤーなどで再生しないでください。

- CD-ROM の裏面を傷つけるとデータが読み取れなくなる可能性があります。取り扱いには十分ご注意ください。

※Windows、Word、PowerPointは米国マイクロソフト社の登録商標です。
※その他掲載されている製品名は各社の登録商標または商標です。

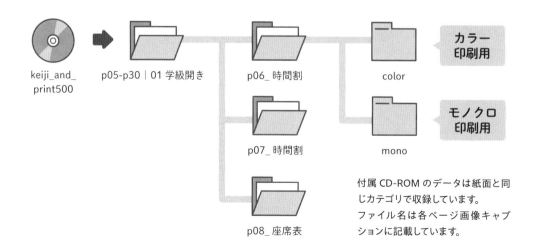

keiji_and_
print500

p05-p30 | 01 学級開き

p06_時間割

p07_時間割

p08_座席表

color

mono

カラー印刷用

モノクロ印刷用

付属 CD-ROM のデータは紙面と同じカテゴリで収録しています。
ファイル名は各ページ画像キャプションに記載しています。

CD-ROM の開き方

ここでは、p32 の「声のものさしポスター」(p32_01)の
カラーデータを開く手順を見ていきます

1 パソコンにCDを取り込む

右のような画面が出てきます。「フォルダを開いてファイルを表示」をクリックしてください。

リムーバブル ドライブ に対して行う操作を選んでください。

ストレージ設定の構成
設定

フォルダーを開いてファイルを表示
エクスプローラー

何もしない

2 章のフォルダを開く

データが掲載されている章のフォルダを開いてください。ページ数からも探すことができます。
今回は、「p31-p46｜02生活指導」をクリックします。

名前

p05-p30｜01学級開き

p31-p46｜02生活指導

p47-p58｜03授業

p59-p68｜04学期末

3 ページのフォルダを開く

データが掲載されているページのフォルダを開いてください。 今回は、「p32_話し方・聞き方」をクリックします。

名前

p32_話し方・聞き方

p33_話し方・聞き方

p34_学習時の姿勢

p35_学習時の姿勢

p36_物のしまい方

4 カラーかモノクロを選びフォルダを開く

今回は、カラーデータなので、「color」をクリックします。

color

mono

5 データ名を見てファイルを選ぶ

本書の画像キャプションに記載のデータ名を見て、ファイルを選びます。
今回は、「p32_01_color.png」をクリックします。

名前

p32_01_color.png

p32_02_color.png

印刷手順

ここでは、p32 の「声のものさしポスター」（p32_01）のカラーデータを
Windows7、Windows10 で印刷する手順を見ていきます

Windows7の場合

1 ファイルを開く

2 左上の「印刷（P）」ボタンから、「印刷」をクリックする

3 プリンターの機種や用紙のサイズなどを選択する

カラー・モノクロや、用紙、部数などの印刷設定を変更する場合、右下の「オプション」>「プリンターのプロパティ」から設定できます。

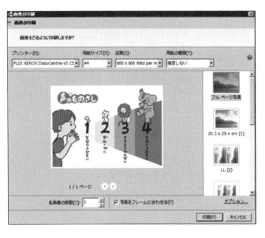

4 「印刷（P）」をクリックする

Windows10の場合

1 ファイルを開く

2 上部の「…」ボタンから、「印刷」をクリックする

3 プリンターの機種や用紙のサイズなどを選択する

プレビュー画面の左側に出ているガイドに沿って、必要な設定をしていきます。

4 「印刷」をクリックする

文字や画像の入れ方

ここでは、p6 の「時間割表」（p06_01）の Word ファイルに
文字や画像を入れて編集する手順を見ていきます

1 ファイルを Word で開く

「編集を有効にする」という表示が出た場合は、
クリックしてください。

2 文字や数字を編集する

文字入力をしたいところにカーソルの矢印を移
動し、1 回クリックすると文字が打てるように
なります。
必要に応じて書体や文字の大きさも編集できま
す。

3 画像を入れる

「挿入」＞「図」＞「使いたい画像ファイルを
選んで挿入」を選択します。画像を動かすには、
「図ツール」＞「文字列の折り返し」＞「前面」
を選択します。

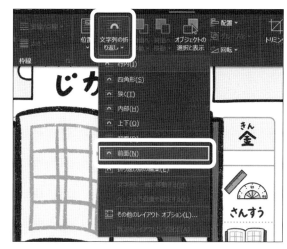

4 画像の大きさを調整する

画像をクリックし、四隅いずれかにカーソルを
合わせ、画像の大きさを調整します。

著者紹介

megkmit ｜ めぐみっと

多摩美術大学グラフィックデザイン学科卒業。都内制作スタジオにデザイナー兼イラストレーターとして勤務したのち、学校職員に転職。4年間学校に勤め、学習指導に携わりながら校内掲示や配付物などを制作。
2021年4月よりフリーのイラストレーターとして活動。子ども向けの書籍や雑貨等のイラストを手がける。教員とデザイナーの経験を活かし、小学校で使えるイラスト・素材をホームページ等で発信。SNSで話題を呼んでいる。

HP：https://www.megkmit.com/
Instagram：megkmit｜こどもとデザイン
@megkmit_gakko.illust

HP 　　Instagram

CD-ROMのご利用に際して

ご利用の際は、P.92の「CD-ROMを開く前に」をお読みいただき、内容にご同意いただいた上でご利用ください。

＊本書収録内容および付属CD-ROMに収録されているデータ等の内容は、著作権法上、その一部または全部を、無断で複製・コピー、第三者への譲渡、インターネットなどで頒布すること、無断で商業目的に使用することはできません。

ただし、図書館およびそれに準ずる施設での閲覧・館外貸し出しは可能です。その場合も、上記利用条件の範囲内での利用となります。

免責事項
本書および付属CD-ROMのご使用によって生じたトラブル・損害・被害等のいかなる結果にも、学陽書房およびmegkmitは一切の責任を負いません。

本書収録の一部のデータには
ユニバーサルデザイン（UD）の考えに基づいた
見やすいデザインの文字を採用しています。

UDフォントで見やすい！
かわいい教室掲示＆プリント500
CD-ROM付き

2023年3月16日　初版発行
2024年2月15日　3刷発行

著　　者　megkmit
発 行 者　佐久間重嘉
発 行 所　学陽書房
　　　　　〒102-0072　東京都千代田区飯田橋1-9-3
　　　　　営 業 部　TEL 03-3261-1111　FAX 03-5211-3300
　　　　　編 集 部　TEL 03-3261-1112
　　　　　http://www.gakuyo.co.jp/

デザイン　能勢明日香
印　　刷　加藤文明社
製　　本　東京美術紙工